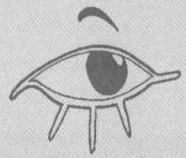

DUCKANCHAMUN II

Unsere Bücher finden Sie im
Buch- und Fachhandel und auf

www.egmont-shop.de

„Enthologien – Band 2: Duckanchamun II – Im Zeichen der Sphinx"
Originaltitel: "I nuovi enigmi di Paperamses; Nel cuore della sfinge"

Übersetzung aus dem Italienischen: Gudrun Smed-Puknatis

© 2021 Disney Enterprises, Inc.

Deutschsprachige Ausgabe erschienen in der
Ehapa Comic Collection
verlegt durch Egmont Verlagsgesellschaften mbH,
Alte Jakobstr. 83, 10179 Berlin

1. Auflage der Neuausgabe
Verantwortlicher Redakteur: Fabian Gross
Lettering: LetterFactory
Gestaltung: Wolfgang Berger
Koordination: Angelika Schönhuber
Printed in the EU
ISBN 978-3-7704-4121-1

www.egmont-shop.de
www.egmont-comic-collection.de
www.lustiges-taschenbuch.de
@egmont_comic_collection

Die Egmont Verlagsgesellschaften gehören als Teil der Egmont-Gruppe zur
Egmont Foundation – einer gemeinnützigen Stiftung, deren Ziel es ist, die sozialen,
kulturellen und gesundheitlichen Lebensumstände von Kindern und Jugendlichen zu
verbessern. Weitere ausführliche Informationen zur Egmont Foundation unter
www.egmont.com

DUCKANCHAMUN
Im Zeichen der Sphinx

EGMONT

DUCKANCHAMUN II
Im Zeichen der Sphinx

INHALT

Prolog *8*

Donald Duck – Die Zauberflöte *17*

Micky und die Felsentempel von Abu Simbel *45*

Donald Duck und die Wüstenräuber *77*

Micky Maus – Der Vogel der Unsterblichkeit *111*

Onkel Dagobert und das Gold der Wüste *131*

Micky und die magische Blume *165*

Die heiligen Krokodile des Nils *199*

Micky Maus – Auf der Suche nach dem verschwundenen Tempel *229*

Onkel Dagobert und der geizige Pharao *251*

Micky Maus – Die Pyramide, die es gar nicht geben dürfte *291*

Micus Mausius und Clarapatra *341*

Onkel Dagobert – Der Fluch des Pharaos *353*

Micky Maus – Die Wächter der Pyramide *387*

Epilog *441*

Duckanchamun II

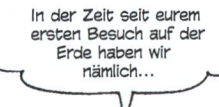

Duckanchamun II

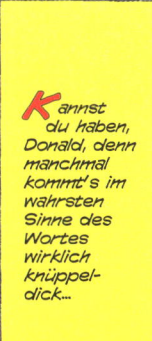

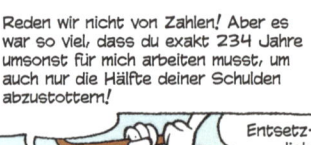

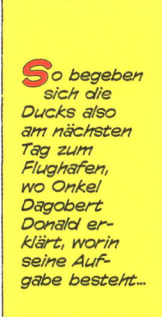

Duckanchamun II

Duckanchamun II

Duckanchamun II

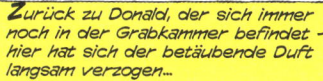

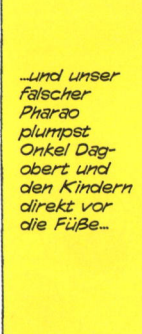

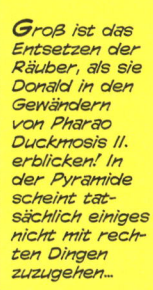

Duckanchamun II

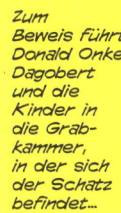

Zum Beweis führt Donald Onkel Dagobert und die Kinder in die Grabkammer, in der sich der Schatz befindet...

Damit habe ich für alle Zeiten ausgesorgt! Und dieses Mal ist es *keine* Fata Morgana!

Ich vermute, diese Schätze sind etliche Millionen Taler wert!

Millionen, die *mich* noch reicher machen, als ich schon bin! Du hast nämlich vergessen, dass die Grabkammer des Pharaos sich in einer Pyramide befindet, die auf *meinem* Grund und Boden steht!

Neiiin!

Um das Geld für dein täglich Brot zu verdienen, wirst du also auch in Zukunft für mich arbeiten müssen, Neffe!

Seufz!

Onkel Donald, wir haben was Tolles entdeckt! Du hast uns doch von diesem Traum erzählt, in dem du der Pharao Duckmosis gewesen bist!

Da, wie aus dem Gesicht geschnitten! Vielleicht war's ja doch kein Traum!

Tja, wer weiß...

DUCKMOSIS II

ENDE

Duckanchamun II

Duckanchamun II

Duckanchamun II

Duckanchamun II

Duckanchamun II

Duckanchamun II

Duckanchamun II

Duckanchamun II

Duckanchamun II

Duckanchamun II

Duckanchamun II

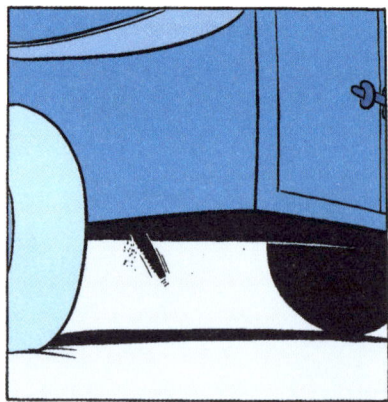

Duckanchamun II

Duckanchamun II

 Duckanchamun II

Duckanchamun II

Duckanchamun II

Duckanchamun II

Duckanchamun II

Duckanchamun II

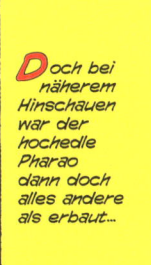

Duckanchamun II

Duckanchamun II

Duckanchamun II

Duckanchamun II

 Duckanchamun II

Duckanchamun II

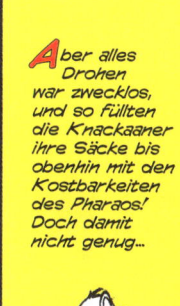

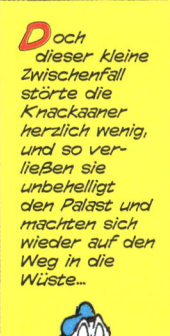

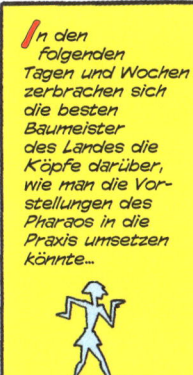

Duckanchamun II

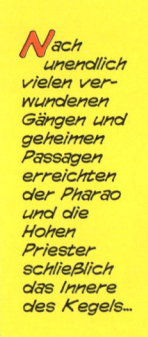

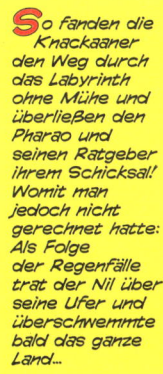

Duckanchamun II

MICKY MAUS
AUF DER SUCHE NACH DEM VESCHWUNDENEN TEMPEL

Walt Disney

Duckanchamun II

Duckanchamun II

Duckanchamun II

Duckanchamun II

 Duckanchamun II

Duckanchamun II

Vor den Türen reicher Männer auf der ganzen Welt bilden sich tagtäglich lange Schlangen von Menschen, die alle etwas finanziert haben wollen, als da sind obskure Erfindungen, windige Forschungsprojekte oder irgendwelche dubiosen Stiftungen! Auch Dagobert Duck, bekanntlich der reichste Mann der Welt, bleibt von dieser Sorte von Schnorrern und Verrückten nicht verschont, die alle immer nur das eine von ihm wollen: Geld, Geld und nochmals Geld!

Duckanchamun II

Duckanchamun II

 Duckanchamun II

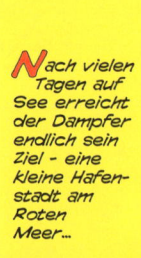

Duckanchamun II

Duckanchamun II

Duckanchamun II

 Duckanchamun II

Duckanchamun II

Duckanchamun II

Duckanchamun II

Duckanchamun II

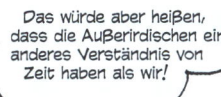

Duckanchamun II

Duckanchamun II

Duckanchamun II

Duckanchamun II

Duckanchamun II

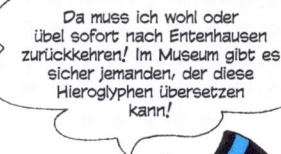

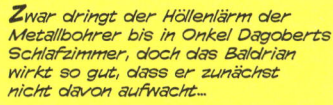

Duckanchamun II

Duckanchamun II

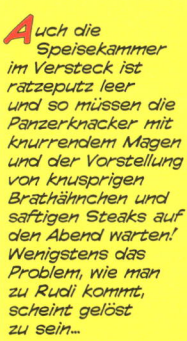

Duckanchamun II

Duckanchamun II

Duckanchamun II

Duckanchamun II

Duckanchamun II

Duckanchamun II

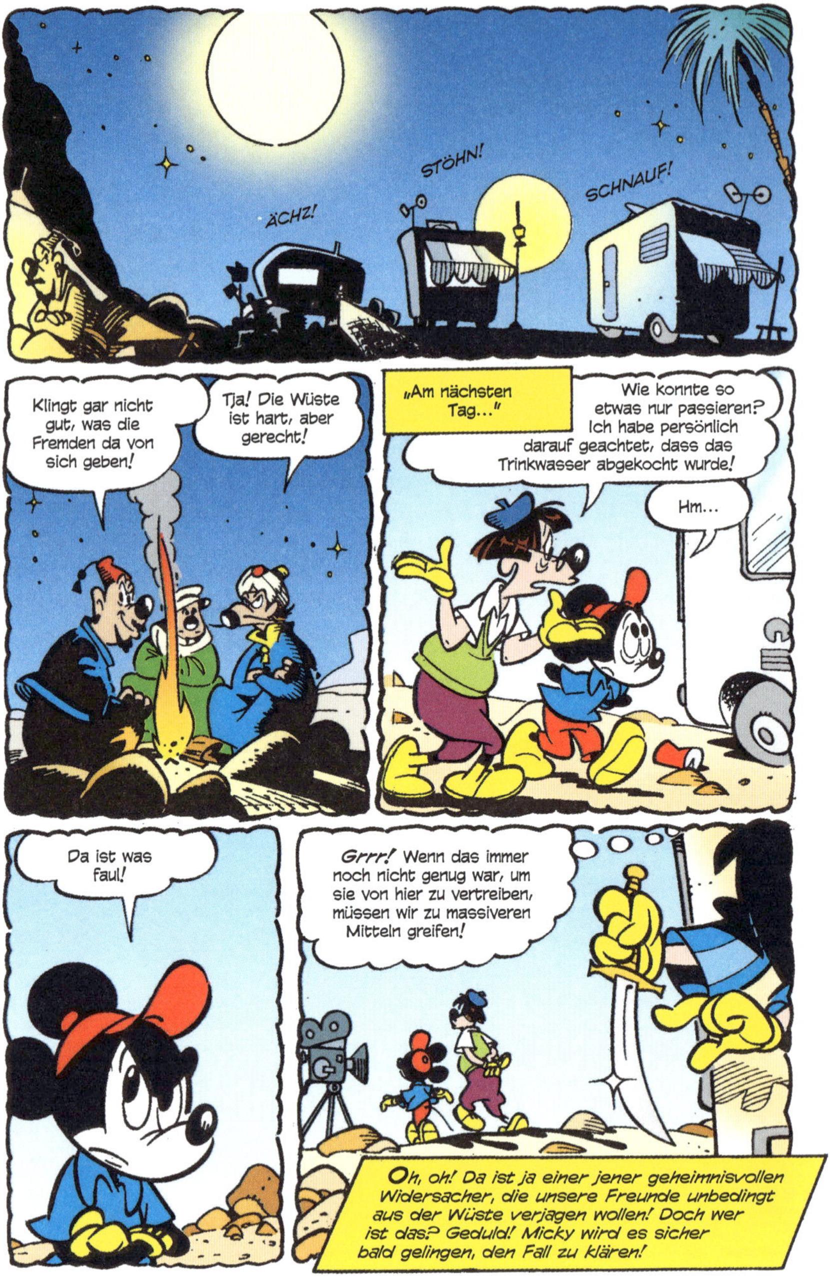

Duckanchamun II

Duckanchamun II

Duckanchamun II

Duckanchamun II

Duckanchamun II

Quellen

Prolog
Scenario von Antonio Secondo, Zeichnungen von Salvatore Deiana

Donald Duck – Die Zauberflöte
Szenario von Alessandro Bencivenni, Zeichnungen von Massimo De Vita
Topolino Nr. 1582, 23. März 1986

Micky Maus und der Tempel von Abu Simbel
Szenario von Pier Francesco Prosperi, Zeichnungen von Massimo De Vita
Topolino Nr. 1702, 10. Juli 1988

Donald Duck und die Wüstenräuber
Szenario von Roberto Renzi, Zeichnungen von Giulio Chierchini
Topolino Nr. 258, 6. Novembre 1960

Micky Maus – Der Vogel der Unsterblichkeit
Zeichnungen von Murry
Topolino Nr. 343, 24. Juni 1962

Onkel Dagobert und das Gold der Wüste
Szenario von Guido Martina, Zeichnungen von Giuseppe Perego
Topolino Nr. 670, 29. September 1968

Micky und die magische Blume
Szenario von Guido Martina, Zeichnungen von Massimo De Vita
Topolino Nr. 1283, 29. Juni 1980

Die heiligen Krokodile des Nils
Szenario von Roberto Catalano, Zeichnungen von Giulio Chierchini
Topolino Nr. 322, 28. Januar 1962

Micky Maus – Auf der Suche nach dem verschwundenen Tempel
Szenario von Guido Martina, Zeichnungen von Sergio Asteriti
Topolino Nr. 1431, 1. Mai 1983

Onkel Dagobert und der geizige Pharao
Szenario von Carlo Chendi, Zeichnungen von Luciano Gatto
Topolino Nr. 239, 26. Juni 1960

Micky Maus – Die Pyramide, die es gar nicht geben dürfte
Szenario von Massimo Marconi, Zeichnungen von Massimo De Vita
Topolino Nr. 1868, 15. September 1991

Micus Mausius und Clarapatra
Topolino Nr. 1165, 26. März 1978

Onkel Dagobert – Der Fluch des Pharaos
Szenario von Abramo Barosso, Zeichnungen von Giovan Battista Carpi
Topolino Nr. 395, 23. Juni 1963

Micky Maus – Die Wächter der Pyramide
Szenario von Bruno Concina, Zeichnungen von Massimo De Vita
Topolino Nr. 1827, 2. Dezember 1990

Epilog
Szenario von Antonio Secondo, Zeichnungen von Salvatore Deiana

Vom Schuhputzer zum Fantastilliardär

Bevor Dagobert Duck reichster Mann der Welt wurde, hatte er sich schon überall auf der Welt einen Namen gemacht: Als Herr des Mississippi, Held der Badlands, Retter der Duckenburgh, König des Klondike … Wie Dagobert es vom Schuhputzer zum Fantastilliardär schaffte, erzählt Don Rosa in seiner epischen Comicbiografie.
Ein moderner Klassiker, den diese aufgefrischte Ausgabe in neuem Lettering und der vom Künstler bevorzugten Kolorierung präsentiert.

Don Rosa, Walt Disney
**Onkel Dagobert –
Sein Leben, seine Milliarden**
496 Seiten, gebunden
€ 34,00 [D]
ISBN 978-3-7704-4117-4

www.egmont-comic-collection.de

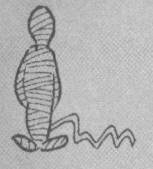